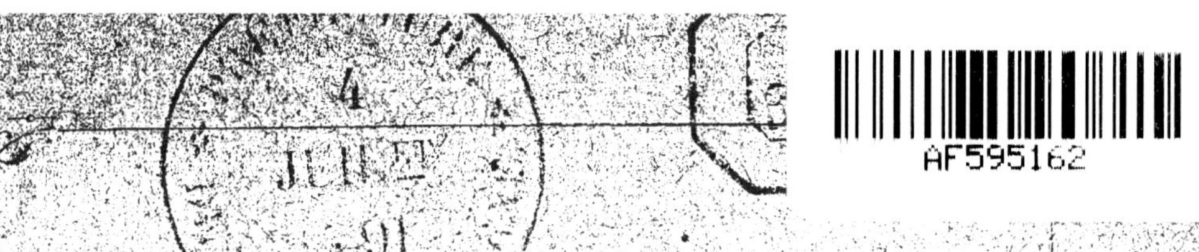

AF595162

LE SACRILÈGE

DU PAILLY

ET SA

RÉPARATION

(JUIN 1891)

Dépôt légal
Tirage 1000 Exemplaires
Maitrier Courtot

IMPRIMERIE
MAITRIER & COURTOT
LANGRES, Hte-Marne

LANGRES
IMPRIMERIE MAITRIER ET COURTOT
—
1891

Lk 576

LE SACRILÈGE

DU PAILLY

ET SA

RÉPARATION

(JUIN 1891)

LANGRES
IMPRIMERIE MAITRIER ET COURTOT

1891

DÉPOT LÉGAL
Hte Marne,
77
91

LK7
27670

Vu et permis d'imprimer :

Langres, 29 juin 1891.

L. RAVRY, *vic. gén.*

Je dédie ce récit à mes paroissiens.

Il a été composé principalement pour être, dans chacune de leurs familles, un mémorial écrit de leurs douloureuses et saintes impressions durant cette inoubliable semaine du 7 au 14 juin 1891.

Je le leur offre, en reconnaissance des consolations que m'ont données leur foi et leur générosité.

Je l'offre aussi, en témoignage d'affectueuse gratitude, à ces nombreux amis qui nous ont prodigué, en cette épreuve, les marques d'une particulière bienveillance.

Je l'offre enfin, en souvenir, aux fidèles accourus des paroisses voisines pour prier et réparer avec nous.

La lecture de ces lignes pourrait-elle servir de leçon aux enfants du diocèse, soit par l'horreur que leur inspirerait un crime commis, de leur temps et non loin d'eux, contre la divine Eucharistie, soit par l'édification qu'ils retireraient de l'expiation si touchante de cet affreux sacrilège? Je laisse à mes confrères le soin d'en juger.

Nous ne solliciterions que la plus minime offrande pour les exemplaires que l'on voudrait bien nous demander, uniquement pour ne pas laisser tous les frais de cette publication à la charge de ceux qui viennent d'être si cruellement éprouvés.

En la fête de S. J.-B. patron du Pailly, le 24 juin 1891.

P. Jacob, *ch. hon.*,

curé du Pailly.

LE SACRILÈGE DU PAILLY

ET

SA RÉPARATION

(JUIN 1891)

LE SACRILÈGE

C'est dans la nuit du 6 au 7 juin, du samedi au dimanche, probablement entre 11 heures et demie du soir et 1 heure du matin, qu'eut lieu ce sacrilège dont nous allons raconter tous les détails, et qui jeta dans une consternation si profonde non seulement la paroisse du Pailly, mais toutes les paroisses environnantes et même tout le diocèse qui, pour la troisième fois cette année, se voit frappé d'un tel malheur[1].

Nous nous préparions à clore, par la belle solennité du Sacré-Cœur, des fêtes eucharistiques qui duraient pour nous depuis le mercredi 27 mai, jour de notre Adoration perpétuelle et veille de la fête même du Saint-Sacrement. Nous venions, suivant la recommandation de Monseigneur dans son dernier

[1] On sait que tout récemment les églises d'Aubigny et de Montsaugeon ont été victimes elles aussi d'un vol de vases sacrés et d'une profanation.

mandement de carême, de nous affilier à la Basilique de Montmartre, et de nous consacrer spécialement au Cœur de Jésus. Le jour de l'Adoration perpétuelle et le dimanche de la Fête-Dieu, l'adoration du Saint-Sacrement entre les offices s'était faite selon le cérémonial des paroisses affiliées à Montmartre, et avec tant d'empressement et de piété que l'impression ressentie s'était visiblement maintenue durant tous les jours de l'octave, et que les fidèles s'en entretenaient ensemble...

Aussi, quel coup de foudre et quelle douleur le dimanche matin, quand se répand la terrifiante nouvelle que notre église est dévalisée, le tabernacle vide, le ciboire emporté avec les Saintes Espèces, l'Hostie même de l'Adoration et de la Fête-Dieu enlevée; et que tous les vases sacrés, déposés à la sacristie, sont volés sans aucune exception!

Mlle Alix Rouhier s'aperçut la première de ce grand malheur. Venant dès le matin travailler au reposoir, elle s'arrêtait un instant à l'église pour y faire sa prière, lorsqu'elle vit le tabernacle ouvert. Dans son trouble, elle craint que j'aie par mégarde oublié d'en refermer la porte la veille au soir à la fin du salut; mais, après quelques pas vers le sanctuaire, le conopée relevé à droite et à gauche et accroché aux bras de lumières de l'exposition, le pavillon ou voile du ciboire jeté sur l'autel, lui font soupçonner la cruelle vérité, à laquelle cependant elle ne peut croire qu'à la vue du désordre complet de la sacristie.

Elle donne aussitôt l'alarme, et plusieurs hommes se précipitent à l'église, où ils constatent avec douleur l'épouvantable sacrilège. Ils voient que, sur le tapis blanc de l'autel, du côté de l'Evangile, il se trouve une petite hostie, mais une seule.

Il fallait me prévenir, et personne ne l'osait, dans la crainte que la peine ne m'accablât tout-à-fait. On s'y décide pourtant, et l'attitude chrétienne de plusieurs bons paroissiens ne contribue pas peu à me donner le courage nécessaire pour porter l'épreuve. Je sais déjà tout avant de quitter ma chambre, et j'emporte avec moi un verre de cristal pour recueillir, après que je l'aurai enveloppée dans un corporal, la sainte hostie qui a été remarquée sur l'autel.

Je vois la paroisse en émoi, des hommes et des femmes en pleurs, et bientôt ma chère église qui, quoique parée de tous ses ornements, me semble désolée.

Mon premier soin est de placer à la sacristie avec les honneurs convenables l'hostie qui nous reste. Je me rends compte ensuite avec M. le Président du conseil de fabrique, M. l'Adjoint, plusieurs Fabriciens et quelques Membres du conseil municipal, de l'état des choses et des lieux.

Les voleurs (ils étaient certainement plusieurs comme nous le prouvent les deux énormes leviers de 3^{m} 50 et de 3^{m} 70 dont ils se sont servis et qu'ils ont laissés sur place) ont pénétré par la fenêtre de la sacristie. Avec une pointe d'acier, dont nous avons très bien observé les marques, ils ont fait éclater un carreau, à travers lequel ils ont introduit la main pour atteindre l'olive de la crémone ; puis, la fenêtre ouverte, ils ont tenté avec les leviers deux pressions contre les barreaux de fer pour les écarter. Par la première ils n'ont réussi qu'à ployer, mais insuffisamment, un barreau de droite ; par la seconde ils ont, malgré la traverse de fer qui reliait le tout, tordu un barreau de gauche et ébranlé la couverte en pierre de la fenêtre. Entrés dans la sacristie, ils ont réussi (ce qui dénote chez eux une grande habitude du vol ou une connaissance des lieux) à trouver les clefs du tabernacle et de l'armoire des vases sacrés, cachées pourtant dans la bourse des corporaux. La découverte de ces clefs fut à la vérité presque un bonheur, car elle a épargné deux effractions sans cela inévitables, et peut-être la ruine du beau tabernacle de notre autel. Pour aller de la sacristie à l'église, ils ont rompu, à l'aide d'un ciseau introduit dans l'ouverture de la clef, la plaque extérieure de la serrure ; et grâce à cette rupture ils ont fait jouer le pène.

Toute l'argenterie de l'église leur tombait ainsi sous la main; aussi rien n'accuse qu'ils aient fouillé le linge et les ornements, pas même l'armoire des fleurs et des candélabres. Ils ont fureté cependant du côté des burettes et dans quelques tiroirs où étaient déposés des objets sur lesquels ils ont tenu à se renseigner, particulièrement un reliquaire de la Vraie Croix qu'ils ont laissé sur le meuble des ornements, après avoir reconnu à travers une déchirure de son voile d'étoffe qu'il n'était qu'en cuivre verni. Ils ont répandu dans la sacristie et jusque dans le sanctuaire le contenu de diverses petites boîtes, veilleuses, pointes, etc., le tout jeté dans un pêle-mêle navrant avec tous les étuis renversés et entr'ouverts de nos vases sacrés.

Ils ont emporté un beau ciboire en argent avec parties dorées; la custode ou le petit ciboire d'argent où était renfermée l'hostie de l'ostensoir et son cercle en vermeil; le magnifique ostensoir en argent avec rayons dorés, acheté il y a 16 ans par Mme du Breuil mère, en souvenir de la protection accordée au Pailly pendant la guerre; un calice renaissance tout argent avec coupe en vermeil, puis la coupe d'argent d'un autre calice plus ordinaire. Ce dernier était un don du propriétaire du château après la révolution, et portait l'inscription suivante : « Donné à l'église du Pailly en mai 1805 par M. F. Roulet de Mézerac, de Neuchatel en Suisse. » Le pied n'était qu'en cuivre argenté, les voleurs nous l'ont laissé.

Ils ont pris également mon calice en vermeil, véritable objet d'art, dont j'avais fait l'acquisition un peu providentielle, il y a 8 ou 9 ans, pour remplacer un premier calice, souvenir de mon vicariat de Langres, qui m'avait déjà été volé, dans la sacristie du collège Saint-Bernard, à Troyes, par un malheureux trop tard reconnu.

Avec tous ces vases sacrés, ont été volés les trois vases d'argent des onctions, ainsi que les trois étuis d'étain, vissés l'un sur l'autre, servant à apporter les saintes Huiles du chef-lieu de canton.

Les voleurs ont fait main basse enfin sur l'argent des servants de messe, 12 francs environ, la quête de la Pentecôte, 6 fr. 50, et les dragées préparées pour les petits enfants qui portaient les fleurs à la Fête-Dieu ; jetant sur le cimetière la tire-lire, la coupe et les boîtes où étaient contenus ces sommes et ces bonbons.

Voilà ce que nous avons reconnu et constaté au premier moment.

Bientôt M. Jean Camus rapporte à la sacristie deux pantoufles noires de nos enfants de chœur trouvées par lui sur le bord de la route, à 50 mètres de l'église. Deux jeunes mariés, rentrant chez eux à 1 h. 1/2 du matin, les avaient aperçues dès ce moment. Plus tard, au dernier coup de la messe, je vois que tous les grands pains servant au saint Sacrifice, et la veille encore, au nombre de 10, ont disparu ; leur boîte est refermée. Dans quel but, et pour quel motif ce vol étrange de grandes hosties non consacrées ?... Les petits pains pour la communion des fidèles n'avaient pas été touchés.

Trois jours après, j'apprends encore qu'un surplis de servant et un autre linge de sacristie ont été emportés. Je dirai bientôt comment et pourquoi.

M. Théophile Pioche, conseiller de fabrique, un des premiers avertis, était allé de suite requérir la gendarmerie de Chalindrey qui arrive en toute hâte, et commence, dès 7 heures du matin, une minutieuse enquête, qu'elle continue sans relâche, depuis ce temps, mais malheureusement sans succès jusqu'ici, pour la découverte des coupables.

Des dépêches sont envoyées au Parquet de Langres par M. l'adjoint du Pailly et M. le brigadier de gendarmerie.

Une autre dépêche avertit M. du Breuil, maire de la commune et député de l'arrondissement, qui répond aussitôt par des paroles émues et des instructions, suivies du reste à l'avance.

M. le Président du Conseil de fabrique s'offre, de son côté, à aller prévenir en mon nom M. le curé de Chalindrey, et demander à mon confrère les vases sacrés nécessaires pour la célébration de la sainte messe et la garde de la sainte Eucharistie.

Pendant ce temps, la population accourt tout entière, visite les lieux, et témoigne, par son silence et son attitude désolée, la peine profonde qu'elle ressent. Nombre de personnes se prosternent à l'église, et commencent ainsi, par leurs larmes et leurs prières, la belle réparation que nous allons raconter après le fait suivant qui, quoique arrivé le mardi 9 juin, se rattache à l'histoire même du sacrilège.

On se demandait tout d'abord avec anxiété : Quel chemin ont pris les malheureux pour sortir du Pailly ? Nous savons aujourd'hui qu'ils ont suivi la rue Haute et se sont dirigés vers Longeau, en passant soit par Noidant-le-Châtenoy, soit, ce qui est moins probable pourtant, par Heuilley-Cotton. Le vénérable doyen de Longeau, M. l'abbé Dimey, est venu me l'apprendre, le mercredi matin 10 juin, en m'annonçant, avec un empressement tout ému, que mon calice était à la gendarmerie de Longeau. « Je suis malade, me dit-il, mais je serais venu sur ma tête vous apporter cette heureuse nouvelle ; je n'ai pas pris le temps de déjeuner. »

Je dirai tout au long ce que me raconta confidentiellement ce bon doyen, et ce que me confirma le lendemain M. le brigadier de Chalindrey revenant lui-même de Longeau. Il eût été très à souhaiter que ceci restât secret pendant quelque temps, afin que l'on pût mettre la main sur les coupables non avertis ; mais on avait parlé, dès le jour même de la découverte, et l'indiscrétion n'est plus à faire.

Le mardi 9 juin, un habitant de Flagey, propriétaire d'une baraque à foin, située dans les champs, non loin de Verseilles-le-Bas, se dirigeant par hasard de ce côté, s'aperçut que le cadenas de sa remise avait été forcé. Il entre et remarque un certain dérangement dans les paquets de paille qu'il repousse du pied. Il voit alors une terre fraîchement remuée ; et, se mettant à creuser lui-même, il découvre les pièces démontées d'un calice en vermeil, enveloppées soigneusement dans un vieux linge et dans un surplis d'enfant de chœur ayant sa guipure et des parements rouges sur les manches. Avec le calice, se trouvaient deux boîtes d'onctions en argent, écrasées comme avec un maillet et contenant encore leur coton imbibé d'huile sainte, puis deux verres d'ostensoir, l'un intact, l'autre rompu et, enfin, un tronçon de grosse lime. Il court remettre son étonnante trouvaille à la gendarmerie de Longeau ; et M. le Doyen, averti par le brigadier, reconnaît de suite mon calice, puis vient me le dire, le lendemain, dès la première heure. A la description qu'il me fait des objets déterrés, il ne me reste aucun doute sur leur provenance. Mon calice est donc retrouvé, et j'ai pu le voir moi-même, il y a quelques jours, au greffe du tribunal de Langres. Les voleurs en ont rompu la tige, qui, en se désoudant, a quelque peu faussé la coupe ; le pied lui-même a été forcé. La réparation en est possible, car les pièces ouvragées n'ont subi aucun dommage. La patène n'accompagne pas son calice et demeure perdue. Les vases d'onctions sont ceux de notre église, mais ils ne peuvent plus servir. Les verres détachés indiquent malheureusement que notre ostensoir a été brisé. Le tronçon de lime ne sort pas de notre sacristie.

Comment expliquer tout ceci ! Pourquoi, malgré des recherches qui n'ont pas manqué d'être faites, n'a-t-on rien retrouvé des autres vases sacrés ? Est-ce la part d'un voleur qui a été laissée et cachée ? Y a-t-il eû difficulté d'emporter, sans se compromettre, un objet que l'on n'avait pas voulu déformer à cause de la valeur du travail ? On se perd en conjectures et en suppositions.

Mais le plus dur pour les cœurs chrétiens est de se demander : qu'ont-ils fait de nos saintes hosties ? Les ont-ils destinées à des usages impies, à des cérémonies sataniques, ou les ont-ils sacrilègement consommées, ou encore les ont-ils jetées indignement en quelque endroit ? Nous ne pouvons le savoir, et c'est pourquoi surtout nous avons gémi. On a remarqué que les enfants eux-mêmes, d'ordinaire si légers, sont demeurés longtemps, et comme atterés, sous une impression de tristesse et d'inquiétude, à cette pensée de la profanation du Saint-Sacrement qu'ils sont accoutumés de voir entouré de tant de respect par le prêtre et les fidèles, et qu'ils aiment, eux aussi, d'un amour aussi sincère dans le fond qu'il est parfois peut-être inconscient et peu attentif. Des petites filles de Chalindrey, venues pour visiter l'église volée, repartaient tout émues et disaient dans une crainte naïve : « Nous ne voudrions pas être du Pailly. »

Enfin, on entendait sortir de toutes les bouches cette parole : « La perte matérielle sera réparée ! mais le sacrilège ! »

Dieu en soit béni ! On a fait du moins tout le possible pour le réparer dignement ce sacrilège désolant.

LA RÉPARATION

J'ai dit, il y a un instant, qu'à peine le crime connu, mes paroissiens en avaient commencé la réparation par leurs larmes et leurs prières. Il me reste à raconter comment ils l'ont continuée durant la journée de la fête du Sacré-Cœur, durant toute la semaine du 7 au 14, pour la terminer le dimanche suivant, avec le concours de 17 prêtres et d'une foule de fidèles étrangers, par une manifestation de foi si admirable que, sur les instances de plusieurs de mes confrères et malgré les comptes-rendus si beaux, si intéressants et déjà si complets qu'en ont donnés la *Semaine religieuse* du diocèse et la *Croix de la Haute-Marne*, j'ai dû accepter d'en publier moi-même un récit nouveau et plus complet encore.

Le jour du crime, une simple messe basse, sans aucun chant, sans aucune prédication, a été dite à l'autel de la sainte Vierge, où j'ai apporté l'Hostie sainte que j'avais provisoirement placée le matin à la sacristie. M. le curé de Chalindrey s'était empressé de nous envoyer un calice et un ciboire.

Profondément ému lui-même, ce confrère arrive bientôt au Pailly pour y demeurer avec nous le reste de la journée, et nous offrir affectueusement un concours précieux qu'il nous a continué, avec l'intelligence et le dévouement qu'on lui connaît, jusqu'au jour de la réparation solennelle. Il laissait le soin de sa paroisse à M. le vicaire, après avoir annoncé à la grand'messe qu'en raison de notre deuil eucharistique la procession du Saint-Sacrement n'aurait pas lieu à Chalindrey.

A 2 heures, il préside à nos vêpres qu'il fait psalmodier, et monte en chaire pour témoigner à la paroisse ses plus vives sympathies, lui donner les encouragements et les conseils dont il sent qu'elle a besoin, et lui annoncer une solennité expiatoire dont il indique déjà le programme général, sûr à l'avance de le faire approuver par l'autorité diocésaine. Jamais parole de prêtre n'a plus facilement pénétré les cœurs. On sent que de part et d'autre il n'y a qu'une volonté, qu'un désir : Rendre à Notre-Seigneur outragé les hommages d'amour les plus parfaits et les plus empressés.

Après son allocution, M. le curé de Chalindrey fait chanter le cantique bien connu :

Aux pieds des saints Autels, pleurons amèrement...,

C'est le seul chant qui ait retenti ce jour là dans notre église. Puis il fait quelques recommandations nouvelles sur l'adoration du Saint-Sacrement qu'il invite à faire toute la soirée comme en un nouveau Jeudi-Saint, sur les marques de respect à donner à l'autel et au tabernacle profanés le matin ; et il suggère, à ceux qui auraient l'intention de faire une offrande à notre église, de songer tout d'abord à l'ostensoir qui est le vase eucharistique des fidèles par excellence.

Il donnait à entendre par là, mais d'une manière toute délicate et nullement pressante (car il a bien ajouté que nous devions, avant tout, mettre notre confiance en Dieu), qu'outre *la réparation spirituelle* de l'outrage fait à la sainte Eucharistie, il y avait aussi à faire *la réparation matérielle* des vols sacrilèges.

Je raconte ici d'un seul trait, et pour ne plus y revenir, tout ce qui a été fait pour cette dernière.

A la sortie des vêpres, je fus suivi par un jeune homme qui, entrant dans ma cour, me tend la main et me dit : M. le Curé, vous allez sans doute faire une souscription ? — Non, mon ami, lui dis-je, car on a donné, il y a quelques jours à peine, pour les bannières, on est pauvre et l'année s'annonce mal [1]. — On s'y attend et il le faut ; tenez, voilà une offrande. Et il me force à conserver la pièce d'or qu'il me met dans la main. — J'accepterai ce que l'on me donnera, ajoutai-je, mais je ne veux rien demander. — Pourtant, reprit-il, le pays doit faire quelque chose. — Alors, voyez vous-même la chère sœur Maximilienne et dites-lui votre pensée; mais je tiens absolument à rester en dehors de tout.

Le soir, vers 6 heures, j'apprends que notre dévouée sœur s'est adjoint Madame Bonvalot et Madame Multier, et que ces dames ont déjà reçu une somme considérable, au point qu'il n'y a pas témérité pour moi à écrire, dès le lendemain, à M. l'abbé Thirion, précepteur du jeune fils de M. du Breuil, pour le prier de s'occuper immédiatement de l'acquisition d'un nouvel ostensoir, et de faire le possible pour que cet ostensoir nous arrive à la fin de la semaine. — On nous attend dans les maisons, me dit la sœur, et la somme est prête avant que nous arrivions. La plupart s'excusent de donner si peu, et pourtant ils donnent généreusement.

Je me trouve ainsi obligé d'adresser, après la prière du soir, les remerciements les plus mérités à la paroisse, répétant toutefois en public ce que j'avais déjà dit en particulier à celui qui me pressait de faire une souscription, et témoignant la peine que j'éprouve à voir des gens appauvris contraints à s'imposer de tels sacrifices.

L'élan de générosité spontanée ne s'arrête ni le lendemain, ni les jours suivants ; et bientôt, en réunissant les offrandes recueillies par la chère Sœur et les Dames quêteuses à celles qui m'ont été remises directement, nous formons la somme suffisante pour

[1] Le jour de la Trinité, j'avais béni pour la paroisse, qui avait fourni ou trouvé les fonds nécessaires, trois bannières neuves, dont l'une fort belle et les deux autres plus communes.

payer le bel ostensoir en vermeil de 1.500 grammes, dont M. l'abbé Thirion, profitant selon sa dépêche, « d'une occasion superbe, » a réussi à faire l'acquisition dans des conditions très avantageuses.

Faut-il citer certains faits touchants, qui sont surtout à l'honneur des pauvres ? Un mari, qui n'a que sa journée pour nourrir sa famille, trouve que l'offrande de 50 c. faite en son absence, est trop minime, et il veut absolument y ajouter 1 fr. Une pauvre femme, contristée de ce qu'involontairement on a oublié de frapper à sa porte, arrive avec 5 fr. chez la sœur. On la force à reprendre 3 fr. que le mari remet lui-même le lendemain. Un ouvrier veut porter son offrande dès 5 heures en allant à son travail ; et il ne se rend aux observations qu'on lui fait sur cette heure trop matinale qu'après avoir obtenu la promesse que cette offrande sera remise au plus tôt. Je recule devant des indiscrétions qui contristeraient, car même en racontant sans nommer, je ferais connaître. Qu'il me suffise de dire que sans exception, toutes les familles ont tenu à faire leur offrande ; offrande dont un bon cœur visible a certainement doublé le prix, et qui souvent même a eu le mérite du sacrifice parce qu'elle a imposé une gêne.

M. du Breuil de Saint-Germain, dès la première heure, m'avait envoyé un joli calice doré pour l'usage ordinaire, et promis en plus 200 fr., en souvenir de sa mère, pour l'acquisition de l'ostensoir. Apprenant que les habitants du Pailly ont pu faire eux-mêmes cette acquisition, il m'écrivit aussitôt pour me dire « combien il trouve admirable l'attitude de mes paroissiens, » et pour m'autoriser à reporter son offrande sur les autres objets à nous procurer. Il me dit longuement dans la même lettre tout le regret qu'il ressent d'être dans l'impossibilité absolue de se trouver avec nous au Pailly en ce moment, et me charge expressément d'en faire part à la paroisse.

Au moment même où j'écris ces lignes, Madame Jules Hochet, la tante dévouée, je pourrais dire la mère de Madame du Breuil, qui passe chaque année plusieurs mois au Pailly, m'annonce « qu'elle veut aider pour sa part à la réparation du mal matériel, et qu'apprenant que le ciboire n'est pas encore remplacé elle me prie de compter sur celui qu'elle va acheter pour notre église. »

Combien je suis heureux de voir s'unir ainsi, pour Dieu, le château et le village! Je ne puis assez le dire!

Le calice des fêtes lui-même n'est plus à venir. La Congrégation des Oblats de saint François de Sales, à laquelle j'ai appartenu pendant plusieurs années, et à laquelle j'appartiens toujours par les rapports et par le cœur, a bien voulu l'offrir à mon église. Son supérieur général, le T. R. P. Brisson, m'a de plus envoyé un mot très affectueux pour nous dire la vive peine qu'il prend à notre malheur; et il a député M. l'abbé Fischer pour représenter la Congrégation à notre cérémonie expiatoire, et pour y prêcher l'Amende honorable.

Lorsque mon calice me sera remis par le Parquet, j'espère pouvoir lui restituer dignement sa patène, et lui donner à lui-même un éclat nouveau que ses malheurs lui auront certes bien mérité.

Plusieurs personnes amies nous ont envoyé des secours, et la Providence continuera, je n'en doute point, à veiller sur nous jusqu'à ce que tout le mal soit entièrement réparé.

La commune du Pailly a fait rétablir de suite, et solidement cette fois, les barreaux de fer de la sacristie. La fabrique de son côté, songe à installer un coffre-fort dans l'épaisseur même du mur.

*
* *

Je reviens à la réparation spirituelle qui a été plus belle encore que la première, et « telle, dit la *Semaine religieuse*, qu'on pouvait l'attendre d'une paroisse de foi.»

Le jour même du sacrilège, l'église et la paroisse se sont mises en deuil. L'autel, dépouillé de tous ses ornements avait son tabernacle enveloppé d'un voile violet ; mais des mains pieuses et aimantes le couvraient chaque jour de fleurs qui, couchées là comme d'innocentes victimes, semblaient prier et pleurer. Rien n'était plus émouvant que de voir soir et matin, nos enfants, les jeunes filles et les mères apporter ces bouquets qui finirent bientôt par envahir les gradins de l'autel eux-mêmes. Un cierge, don des fidèles, brûlait sans cesse devant le tabernacle vide. Tous les soirs avait lieu un exercice public d'expiation, après lequel je donnais connaissance aux paroissiens présents de tout ce qui pouvait intéresser leur foi, et soutenir leur piété. Recevant chaque jour nombre de lettres attristées et encourageantes, je leur en faisais lecture au moins en partie, principalement de celles qui venaient de l'autorité diocésaine, de personnes considérables ou d'amis bien connus.

M. le supérieur du Grand Séminaire, qui reçut comme vicaire général le rapport que j'adressai dès le dimanche soir à Monseigneur, m'écrivit le premier :

« Mon cher ami, me disait-il, je partage votre affliction et celle de votre paroisse au sujet de la profanation du Saint-Sacrement et du vol dont votre église vient d'être victime.

« Ces attentats qui se multiplient sans qu'on trouve les coupables, ajoutent certainement un grand poids à celui de nos dettes envers la justice divine.

« Faisons au moins de notre côté tout ce qui est en notre pouvoir pour dédommager Notre-Seigneur de tous ces outrages ; offrons-lui nos plus humbles réparations et nos plus ferventes protestations d'amour.

« Les pieux fidèles de votre excellente paroisse, qui avaient si bien honoré le Saint-Sacrement dans l'octave de la Fête-Dieu, ont déjà su comprendre ce que Notre-Seigneur a droit d'attendre d'eux. Ils tiendront à lui rendre un solennel hommage d'expiation et d'amour au lieu même où son divin sacrement a été profané. Vous ferez avec eux, monsieur le curé, devant le Saint-Sacrement exposé, *une cérémonie aussi solennelle que possible*, d'expiation et de réparation dont vous règlerez vous-même le détail. »

Deux jours après, M. Ravry, au nom de Monseigneur, nous adressait la lettre suivante :

« Rozières, le 10 juin 1891.

« Monsieur le curé,

« L'affreuse nouvelle de la profanation de votre église parvient à Monseigneur au cours de sa tournée de confirmation, dont les joies ne sauraient suffire à le consoler d'un si grand malheur. Son cœur est avec vous pour pleurer et réparer.

« Vous avez reçu de M. le supérieur du Grand-Séminaire l'autorisation de faire dimanche prochain une grande solennité expiatoire. Vos paroissiens, dont la foi est bien connue, voudront offrir à Notre-Seigneur un dédommagement pour l'injure qui lui a été faite. Leur empressement sera votre consolation dans la dure épreuve que vous traversez. Veuillez, cher monsieur le curé, me compter parmi ceux qui souffrent avec vous et croire à mes sentiments du plus vif attachement en Notre-Seigneur Jésus-Christ.

« L. Ravry, *v. g.* »

Ces deux lettres firent la plus grande impression, et contribuèrent certainement à préparer la manifestation du dimanche suivant.

J'avais prié M. Hutinel, de venir présider notre cérémonie. C'est lui, il y a douze ans, qui avait donné à l'église du Pailly, reconstruite en partie, la première bénédiction liturgique, et y avait déposé le Saint-Sacrement dans le tabernable restauré. C'était donc à ce vénérable vicaire général plus qu'à tout autre que revenait le droit de ramener Notre-Seigneur dans ce même tabernacle d'où il avait été si odieusement expulsé. Il me répondit en des termes qui touchèrent les cœurs :

« Non, je ne connaissais pas votre grand malheur, je l'apprends seulement par votre lettre qui m'arrive en même temps que l'*Avenir*, dans lequel je lis des détails sur les vols commis et l'épouvantable profanation qui vous désole. Je suis un pauvre vieux, pris par les deux bouts, la tête et les jambes, sans parler du reste, mais je ferai ce que je pourrai, et je serai au Pailly dimanche pour prendre part à la douloureuse expiation dont nous aurons à payer le tribut au Dieu qui, en se faisant victime d'amour, savait qu'il serait aussi victime de l'ingratitude, et qui vient de l'être à un point qui épouvante la foi.

« Les sentiments et les dons des bons fidèles du Pailly vous ont consolé, et consoleront aussi le Dieu qui a été si audacieusement outragé. Espérons que la cérémonie de dimanche sera une éclatante manifestation de piété, de foi et d'amour. »

Le R. P. Yenveux, chapelain de Montmartre, mon condisciple et ami personnel, que j'avais prévenu du sacrilège commis dans l'église nouvellement affiliée, nous écrivait lui aussi quelques paroles de foi très encourageantes :

« Je suis uni à vous dans cette circonstance douloureuse pour toute âme chrétienne. Ayons confiance ! Le diable sera pris dans ses filets. La réparation pourra, si les âmes ferventes de votre paroisse le comprennent, centupler la profanation... A l'œuvre donc, mon cher ami. Aucun mal n'arrive sans la permission de Dieu. S'il a permis ce grand attentat, c'est qu'il veut en tirer un très grand bien, secouer, réveiller les âmes endormies, et provoquer un nouvel élan de ferveur dans votre paroisse.

« Que les âmes chrétiennes, encore si nombreuses dans votre chère paroisse, se groupent autour du Cœur outragé de Notre-Seigneur, pour l'aimer, le consoler et réparer, non seulement par des actes extérieurs, par une solennité qui passe, mais surtout par une vie solidement et sincèrement chrétienne, dont la double base soit : La crainte de tout péché, et l'esprit de générosité dans les sacrifices... *J'ai mis votre lettre sous le pied de l'ostensoir comme un cri d'amour et de réparation.* »

Le bien que tout cela faisait à des âmes avides d'un mot de consolation et de foi peut facilement se comprendre. Aussi, durant la semaine entière, toutes les pensées étaient-elles à l'expiation et à la prière, et tous les efforts à la préparation matérielle de la grande solennité du dimanche suivant.

Ce dimanche, 14 juin, la réparation prit en effet, un caractère vraiment grandiose ; et pour ne point être soupçonné d'exagération, j'en emprunterai à peu près entièrement le récit aux deux comptes-rendus de la *Semaine* et de la *Croix*.

Il y eut le matin messe de communion à 6 heures. La grand'messe à 9 heures, par M. l'abbé Fischer, mais sans solennité. Dès ce moment était placée au frontispice du portail de l'église cette inscription en gros caractères, qui résumait en deux mots tout ce que devait être la journée : *Amende honorable.*

Après la messe, les habitants ornent les rues et dressent les reposoirs, et quand les étrangers commencent à affluer pour la grande cérémonie du soir, l'aspect du village était étrange : on aurait pu se croire dans une église, et l'on gardait un silence et un recueillement dignes du lieu saint.

*
* *

« Cette cérémonie avait été fixée à 3 heures. M. Hutinel, vicaire général, qui avait accepté de venir la présider, était entouré d'un nombreux cortège de prêtres. Citons M. le chanoine Couturier, directeur de la Maîtrise, M. Fischer, représentant les Oblats de Saint-François-de-Sales de Troyes, M. Nicolas Couturier, organiste de la cathédrale, M. Marchal, supérieur des sœurs de la Providence, M. Trinquesse, secrétaire de l'évêché, MM. les curés de Chalindrey, de Chaudenay, d'Heuilley-Cotton, de Saint-Geosmes, de Coublanc, de Corgirnon, de Balesmes, de Violot, de Rivières-le-Bois, de Noidant-le-Chatenoy, M. le vicaire de Chalindrey. La communauté de la Providence était représentée par les religieuses de tous les pays environnants, et par une députation de Langres ayant à sa tête la R. Mère supérieure. De toutes les paroisses voisines de nombreux fidèles étaient accourus pour joindre leurs réparations et leurs prières à celles des habitants du Pailly.

« Aussi, lorsque sonna le dernier coup des vêpres, la petite église était comble et incapable de contenir la foule qui refluait jusque sur la place. Les vêpres du Sacré-Cœur furent chantées devant l'autel de la Sainte-Vierge, au milieu du recueillement général, par le clergé et les fidèles, avec lesquels alternait le chœur si admirablement formé et conduit des demoiselles de la paroisse.

« Après le *Magnificat,* M. le vicaire général monta en chaire, et il trouva des accents d'une éloquence émue pour représenter la grandeur de l'offense et la nécessité d'une réparation qui en soit digne. Des félicitations et des remerciements bien mérités, et ce qui ne gâte rien, fort délicatement exprimés, terminèrent cette courte mais magistrale allocution où nous avons retrouvé tout l'art et mieux encore toute l'âme, toute l'action vive et pénétrante de l'ancien orateur de l'église cathédrale [1].

« La procession, dirigée par MM. les curés de Chalindrey et d'Heuilley-Cotton, et par M. l'abbé Trinquesse, se mit en marche au chant des cantiques et des hymnes du Saint-Sacrement, parcourant toute la paroisse, suivant le vœu exprès des habitants, et décernant à Notre-Seigneur un triomphe là où huit jours auparavant il avait dû passer en subissant les derniers outrages.

« Il faut avoir vu les longues rues du village tout entières plantées d'une double bordure de branches d'arbres et semées de fleurs et de feuillages, ces quinze arcs de triomphe avec guirlandes et inscriptions rappelant le but de la cérémonie expiatoire, il faut avoir assisté à cette belle procession, pour comprendre de quoi est capable, même de nos jours, une paroisse vraiment chrétienne. C'est tout ce qu'on peut imaginer de plus beau comme manifestation de foi, de plus pieux dans l'attitude et de plus ravissant dans les préparatifs.

« Aux habitants du Pailly, qui étaient tous présents, s'était adjointe une foule de fidèles accourus des paroisses voisines avec leurs pasteurs. On évalue à près de 1.200 le nombre des personnes qui ont assisté à la procession. Les malades et ceux qui n'avaient pu s'adjoindre à cet imposant cortège, étaient agenouillés sur la porte de leur maison ; le recueillement était profond et unanime, et pas une note discordante ne put être remarquée sur le long parcours.

« Le superbe ostensoir en vermeil, porté par M. le

[1] Voir, à la fin de l'opuscule, le discours de M. Hutinel, avec l'allocution de M. Fischer et l'amende honorable.

Vicaire général, était celui-là même qui venait d'être offert par la population.

« A l'extrémité de chaque rue était élevé un petit autel, où la divine Victime était déposée un instant pour y être encensée, pendant que tout le peuple prosterné répétait 3 fois *Parce Domine.*

« On fit à la fin le tour de l'église au chant du *Miserere.* En passant devant la fenêtre de la sacristie, où les chères sœurs avaient placé un petit mais ravissant reposoir or et blanc, il y eut une réparation spéciale, parce que c'était par là que les voleurs avaient pénétré et emporté les vases sacrés et les saintes Hosties.

« Près du portail, sous les arbres, comme sous un magnifique dôme de verdure, les jeunes personnes et les jeunes gens, avec le concours de M. le vicaire de Chalindrey, avaient dressé le reposoir principal, en haut duquel des mains délicates avaient représenté les objets volés. Son symbolisme visible justifiait admirablement la belle inscription en fleurs qu'on y lisait : *Réparation.*

« C'est là que, devant la foule recueillie, M. l'abbé Fischer, avec un rare à-propos et d'une voix forte parfaitement entendue de tous, adressa quelques mots du cœur, pour résumer les impressions de cette mémorable journée. Il exprima les plus chaleureuses sympathies à la paroisse du Pailly et à son pasteur, et dit que par son affiliation à Montmartre, et par les hommages qu'elle venait de rendre au Cœur de Jésus, cette paroisse si chrétienne méritait bien le titre de paroisse du Sacré-Cœur.

« Après une première bénédiction donnée à ce reposoir, la procession est rentrée en silence à l'église où la moitié à peine des assistants put trouver place. Mais quel changement ! au départ c'était le deuil, au retour c'est la joie. Le maître-autel, jusqu'alors voilé, a repris ses ornements de fête. Tout le fonds de l'abside, le sanctuaire, les chapelles sont en feu : des centaines de bougies allumées offrent le spectacle ravissant d'une splendide illumination. L'orgue silencieux pendant les huit jours d'expiation, prie et retrouve sous les doigts habiles de M. Nicolas Couturier ses plus belles mélodies. Jésus-Christ rentre en triomphe ; et, cette fois, c'est au maître-autel qu'il va reprendre sa place, sur un trône richement décoré et sous un baldaquin de lumières qui forment un diadème étincelant.

« Cependant il restait encore quelque chose à faire. La réparation venait d'avoir lieu au dehors, il en fallait une autre solennelle à l'intérieur de l'église, à l'endroit même où l'attentat avait été commis. M. le Curé, le cierge à la main, prononça donc, du haut de la chaire, devant le tabernacle profané, d'une voix souvent entrecoupée par l'émotion et les sanglots, une *amende honorable*. Les fidèles et les prêtres la récitaient avec lui. Il est bon de dire que cette amende honorable est celle même qui fut composée par Monseigneur de la Luzerne, et prononcée par lui, en l'église Saint-Pierre de Langres (aujourd'hui détruite), en réparation d'un semblable sacrilège commis dans cette église, il y a juste un siècle, dans la nuit du 27 au 28 février 1791. M. le curé de Chalindrey avait pris soin de la faire imprimer, et de nombreux exemplaires en avaient été distribués aux assistants.

« La bénédiction solennelle du très Saint-Sacrement donnée, des cantiques en l'honneur du Sacré-Cœur ont terminé cette longue et magnifique cérémonie de réparation. Tous en garderont le meilleur souvenir.

« La paroisse du Pailly, dont on ne saurait assez louer le zèle et la bonne volonté en cette circonstance, a fourni le plus touchant témoignage de sa foi et de son amour envers Notre-Seigneur Jésus-Christ. Les étrangers qui sont venus en si bon nombre s'associer à sa tristesse et à sa joie, en ont remporté la plus grande édification [1]. »

*
* *

J'ai le devoir, en terminant, d'adresser les plus vifs remerciements, au nom de ma paroisse et au mien, à tous ceux qui ont pris part à cette grande réparation dont on vient de lire le récit. Qu'ils reçoivent de Notre-Seigneur lui-même, à qui ils ont donné cette marque d'amour, la juste récompense de leur générosité et de leur piété.

Que ces remerciements et que cette bénédiction du Seigneur s'étendent à tous ceux qui, n'ayant pu assister à la fête de l'expiation, se sont unis de loin à nos prières ! Car, et l'on ne me fera point reproche de le dire, j'ai appris avec joie que plusieurs prêtres ont fait, dans leurs paroisses, l'*amende honorable*, en union avec nous, et que de nombreux fidèles, épouvantés du sacrilège, se sont empressés de l'expier eux-mêmes.

Je ne puis publier ici toutes les pieuses lettres qui me l'assurent ; cependant, je crois devoir faire exception pour la suivante qui m'a apporté la joie la plus inattendue, mais aussi la plus pure, parce qu'elle m'annonce la réparation par la jeunesse et par l'enfance.

« Brachay, 21 juin 1891.

« Les peines si terribles qui viennent d'affliger votre cœur sacerdotal ne m'ont pas laissé indifférent. Avec vous j'ai souffert, avec vous j'ai prié, avec vous j'ai offert à Notre-Seigneur les actes d'adoration et de réparation. Mais aujourd'hui je partage votre joie, car Dieu a tiré le bien du mal, et là, où avait

[1] *Semaine religieuse*, n° 25, samedi 20 juin 1891. — *Croix de la Haute-Marne*, n° 168, mercredi 17 juin 1891.

surabondé la malice du crime, a surabondé la manifestation de la foi et de l'amour.

« Heureux pasteur ! Heureuse paroisse qui a si bien compris son devoir !

« J'ai profité de la fête de saint Louis de Gonzague pour associer nos enfants à votre œuvre d'expiation, et, aujourd'hui même, une cinquantaine de communions et autant de chemins de croix ont ici pour but la réparation du crime commis dans votre église.

« C'est une goutte d'eau dans l'Océan, mais je suis sûr que vous serez heureux de savoir ce que nos enfants ont fait aujourd'hui, priant avec ferveur pour les habitants du Pailly et pour le bon et zélé Pasteur...

« G. Aubriot. »

Combien tout cela, sans faire oublier le crime commis, justifie cependant le mot de M. Hutinel en me quittant :

Secundum multitudinem dolorum meorum, consolationes tuæ lætificaverunt animam meam.

La consolation a été à la hauteur de la douleur.

DIEU SOIT BÉNI

DISCOURS DE M. HUTINEL

VICAIRE GÉNÉRAL

Deus, venerunt gentes in hæreditatem tuam, polluerunt templum sanctum tuum.

O Dieu, les infidèles sont venus dans votre héritage, ils ont profané votre saint temple.

(Psal. LXXVIII, 1).

M. f., ces paroles du roi-prophète n'ont jamais eu une plus réelle et plus douloureuse application que dans la circonstance présente. Ce tabernacle sacré est en deuil, la porte en est ouverte, l'Hôte si divin qui l'habitait n'y est plus, et pourquoi? Je ne devrais répondre à cette question que par des larmes et des sanglots, car le cœur se brise à la pensée que des mains sacrilèges ont violé le sanctuaire où le Dieu de toute gloire et de toute majesté fait ses délices d'être avec les enfants des hommes.

Comment un si exécrable forfait a-t-il été commis? Comment des êtres d'un jour ont-ils eu l'épouvantable audace de porter, sans trembler, une main impie sur le saint des saints, de le saisir comme cette troupe armée de bâtons qui, au jardin des Oliviers, l'appréhendait ainsi qu'un malfaiteur insigne, pour le traîner au milieu des huées et des outrages d'une grande ville? Pour mettre le comble à l'attentat, ils l'ont doublé du vol des vases sacrés qui renfermaient la Manne céleste, et cette Manne, ce Pain vivant descendu du ciel pour donner la vie au monde, qu'en ont-ils fait? Je n'ose y penser, encore moins le dire, je ferais pleurer les anges et tressaillir les démons. O Dieu d'amour, vous l'amour même, est-ce donc ainsi qu'on renouvelle la scène de votre passion, et qu'on y ajoute de nouveaux excès, pour payer l'excès d'une charité infinie et incompréhensible comme vous?

Mais pourquoi donc n'avez-vous pas frappé de mort les profanateurs, comme vous avez frappé Oza, quand il portait une main téméraire sur l'arche d'alliance? Pourquoi donc la terre ne s'est-elle pas entr'ouverte pour les engloutir? Est-ce que vous n'avez plus les éclairs et la foudre pour venger votre majesté outragée? Ah! la foudre, m. f., le Sauveur Jésus l'a déposée dans les cieux quand il est venu sur la terre ; il y est venu avec des langes, des sueurs, des larmes et du sang pour nous sauver, nous laissant, avec sa divine rédemption, le Corps sacré qu'il a immolé pour nous, et avec lui toutes les grâces de salut dont le plus adorable des sacrements reste le gage et la source. Nous ne sommes plus au pied d'un Sinaï qui tremble, étincelle et gronde sous les pas d'un Dieu qui veut inspirer la crainte à un peuple grossier, nous sommes devant le trône d'un Dieu caché, *verè tu es Deus absconditus*, Dieu qui s'est caché d'autant plus qu'il voulait nous révéler son amour par la profondeur même de ses abaissements. Non, Dieu, notre Dieu, n'est pas ici le Dieu du tonnerre, c'est le Dieu Sauveur, qui bannit la crainte pour mieux révéler son cœur, et attirer par la plus douce, la plus victorieuse charité.

Aussi bien, m. f., est-ce que l'adorable Jésus foudroyait la troupe impie qui, au jardin des Oliviers, venait armée de bâtons pour le saisir, et le traîner, comme le dernier des malfaiteurs, au milieu des huées d'une populace en délire? Il n'aurait eu qu'à prier son Père pour qu'il lui envoyât des légions d'anges, et il ne l'a pas fait, car s'il l'eut fait, qui nous eût rachetés? Est-ce que sur la croix, quand il mourait, rassasié de douleurs et d'opprobres, il a entr'ouvert le rocher du Calvaire, pour en faire le tombeau de ses insulteurs et de ses bourreaux? Ecoutez plutôt sa réponse à toutes les plus cruelles souffrances, à toutes les plus odieuses avanies des hommes : « Mon Père, pardonnez-leur, ils ne savent ce qu'ils font. » Ah! c'est que Jésus est l'Agneau de Dieu, et les agneaux ne sont pas des lions qui déchirent et dévorent, les agneaux se laissent enlever leur toison, se laissent égorger sans se plaindre ; si sur la croix Jésus était l'agneau qu'on immolait, au saint autel il est l'agneau encore, l'agneau qui ôte les péchés du monde, *ecce Agnus Dei, ecce qui tollit peccata mundi*. Un jour cet Agneau divin sera le lion vainqueur, *vicit leo de tribu Juda*, et alors malheur, trois fois malheur à ses ennemis.

Mais, dans l'Eucharistie adorable, il attend ses ennemis eux-mêmes pour pardonner à leur repentir; il y attend surtout ses amis pour les combler de ses faveurs ; il ne les attend pas seulement, il les appelle, car c'est lui qui a dit et qui dit encore : Venez tous à moi, *venite ad me omnes*. Captif d'un amour qui ne demande qu'à se répandre en effusion de grâces et de miséricordes, il donne audience à tous, à toute heure et toujours ; il a des lumières pour toutes les ténèbres, des forces pour toutes les défaillances, des secours pour toutes les misères, des remèdes pour toutes les blessures, des consolations pour toutes les douleurs, des victoires pour tous les combats, des pardons pour tous les pécheurs. On est sûr de le trouver toujours dans ses tabernacles sacrés, il n'en sort jamais, sinon pour se donner ou pour bénir. Allons donc tous à lui, il est toute bénédiction, parce qu'il est tout amour.

Il est tout amour, mais si cette pensée dilate le cœur, comme elle le navre et le meurtrit quand on pense à l'horrible profanation commise dans cette église, où tout parle de votre foi, de votre amour pour Jésus-Hostie. Il est tout amour, et cet amour a été méconnu, outragé, outragé parce qu'il s'est miséricordieusement désarmé pour se rendre accessible à tous ! Outrager l'amour d'un Dieu, quel crime ! Mais l'outrager parce qu'il ne dira pas à ses anges de traiter le profanateur comme ils ont traité le sacrilège Héliodore en le frappant de verges sanglantes, quel crime aussi lâche qu'il est épouvantable !

Vous l'avez compris, m. f., et vous l'avez prouvé par la consternation, l'épouvante, la douleur de vos âmes angoissées ; vous l'avez prouvé par votre pieux et généreux empressement à restituer, au moyen de vos sacrifices, les vases sacrés que des mains sacrilèges avaient dérobés ; vous l'avez prouvé par toutes les dispositions que vous avez prises pour glorifier votre Sauveur outragé. Vous avez ainsi consolé votre pasteur qui a eu sa grande part dans les douleurs ; vous avez réparé, autant que vous le pouviez, l'exécrable attentat commis. Achevez votre ouvrage en parcourant avec des gémissements et des larmes la voie que nous allons suivre, et que cette voie douloureuse devienne une voie triomphale. Vous vous assurerez ainsi les bénédictions de l'Agneau divin, à qui honneur, gloire, action de grâces, louange et amour dans les siècles des siècles. Amen.

ALLOCUTION DE M. FISCHER

DES OBLATS DE S. FRANÇOIS DE SALES DE TROYES

Mes bien chers frères,

Au soir de cette journée d'émotion, bien des pensées se pressent en mon âme et agitent mon esprit; elles se résument pourtant dans un même sentiment, celui que vous éprouvez vous-mêmes, et qui fait palpiter tous les cœurs.

Je ne viens pas vous faire un discours, mais je viens comme prêtre et comme ami, ami de votre bon curé, ami de cette chère paroisse si cruellement éprouvée; oui, je viens prier, pleurer et réparer avec vous.

Le malheur qui vous a frappés, a retenti dans tout le diocèse, surtout dans les paroisses voisines. Il a même eu son écho dans les diocèses étrangers, et je vous apporte les sympathies, les condoléances d'une maison, d'une communauté, qui est restée chère au cœur de votre pasteur. Il vous a dit ce matin de quelle manière efficace, cette maison vous a témoigné son affection dans cette douloureuse circonstance. A cette marque d'affection, elle ajoute le bienfait de ses prières les plus pieuses et les plus ferventes.

Nous venons donc ce soir offrir solennellement à Notre-Seigneur, nos réparations pour l'insulte qui lui a été faite, pour l'horrible sacrilège dont il a été victime.

Coïncidence frappante, mes frères, c'était le jour même de la solennité du Sacré-Cœur, que cet outrage lui a été infligé ! Vous vous étiez si bien préparés à cette fête, par votre affiliation à Montmartre ! Ce même jour vous deviez renouveler votre consécration et voilà que, par un malheur épouvantable, inouï, votre joie a été changée en tristesse. Ce Dieu à qui vous alliez vous consacrer vous a été ravi, *tulerunt Dominum*; des malheureux, des infâmes, des êtres maudits et à jamais flétris, vous ont enlevé votre Dieu, *tulerunt Dominum.* Et comme Madeleine au sépulcre, vous vous écriez avec larmes, qu'en ont-ils fait les malheureux, où l'ont-ils emporté ? *nescio, ubi posuerunt eum.* Mais que dis-je ? malgré les intentions criminelles qu'ont eues ces vils profanateurs de vous priver de votre Dieu, Notre-Seigneur n'a pas voulu vous quitter, puisque une hostie, une seule est restée sur votre autel, pour ainsi dire comme gage de la présence de Jésus parmi vous. Il savait, ce Jésus, combien cette paroisse l'aimait, voilà pourquoi il ne voulait pas vous quitter un instant.

Il me semble, du reste, mes frères, que ce forfait qui outrage votre Dieu et vous fait tant souffrir, devient une nouvelle preuve palpable, douloureuse, il est vrai, mais sensible que Notre-Seigneur vous a donnée de la ratification qu'il a faite de votre consécration, puisqu'il vous a, de suite, associés aux souffrances intimes de son cœur, ce qui a toujours été le partage de ses meilleurs amis !

Vous l'aimerez donc davantage, n'est-ce pas, mes frères, ce Jésus, l'hôte bien aimé de vos autels, notre trésor le plus cher, notre consolation la plus douce, notre seul soutien et toute notre vie. Par cette cérémonie si solennelle, si touchante, vous prenez tous l'engagement de rester à jamais attachés au Dieu de l'Eucharistie, par la pratique de tous vos devoirs religieux. Et cette paroisse, qui a déjà la réputation bien méritée, d'une paroisse chrétienne, acquerra, par ce qui se passe en ce moment, par ce qui s'est passé toute cette semaine, un nouveau titre d'honneur : celui de s'appeler paroisse du Sacré-Cœur. Et ainsi, mes frères, vous donnez une nouvelle et pieuse explication au tableau du Sacré-Cœur qui domine le sanctuaire de votre chère et belle église.

Après cette expiation solennelle, Notre-Seigneur entrera triomphalement dans le tabernacle de son amour pour vous bénir et vous aimer toujours. Il sera porté dans son ostensoir si généreusement, si spontanément offert par cette paroisse. Ce magnifique ostensoir sera désormais le mémorial de votre douleur et de votre réparation, de votre foi et de votre amour pour Notre-Seigneur Jésus-Christ

Puis-je mieux terminer cette courte allocution, mes frères, qu'en vous citant cette sublime parole d'un noble cœur joint à une grande âme. Montalembert, touché des malheurs de la Pologne, constamment frappée dans sa foi, s'écria : J'aime cette nation en deuil, parce qu'elle souffre pour son Dieu. Eh bien ! mes frères, nous tous qui sommes venus nombreux et sympathiques, partager vos larmes et vos prières, nous vous disons la même parole. Nous aimons cette paroisse du Pailly parce qu'elle souffre pour son Dieu.

C'est à vous surtout, pasteur bien aimé, cher et vénéré ami, que j'adresse cette parole, car votre cœur si éminemment sacerdotal a senti vivement le coup porté au Cœur de Jésus, c'est sur vous surtout que le deuil a pesé depuis huit jours. Regardez autour de vous, regardez votre chère paroisse pleine de foi et de bonne volonté, regardez cette assistance si pieuse, si recueillie, regardez cette couronne de prêtres, amis sincères et dévoués, surtout ce vénérable vicaire général, voilà votre consolation. Et maintenant, mes frères, disons ensemble ce mot du cœur, qui est bien le mot du jour, le mot de la circonstance et qui est dans toutes les bouches catholiques : *Cor Jesu sacratissimum, miserere nobis. Amen.*

AMENDE HONORABLE

POUR LA

RÉPARATION DU SACRILÈGE

COMMIS

A L'ÉGLISE DU PAILLY

LE 7 JUIN 1891

Cette amende honorable a été prononcée par Monseigneur de la Luzerne, évêque de Langres, en l'église Saint-Pierre de la dite ville, en réparation du sacrilège commis par le vol des vases sacrés de cette église, dansla nuit du 27 au 28 du mois de février 1791.

Jésus, divin Sauveur ! qui pour demeurer au milieu de nous, avez bien voulu vous renfermer dans l'adorable Sacrement de nos autels ! honneur, salut et bénédiction devraient vous être rendus par toutes les créatures, et dans les siècles des siècles ; mais par la plus noire de toutes les ingratitudes, trop souvent, hélas ! vous ne recevez en récompense du plus grand de vos bienfaits que des mépris et des outrages. Qui pourrait compter ceux que vous essuyez encore tous les jours ? Qui pourrait peindre l'horreur de l'attentat, pour la réparation duquel nous sommes aujourd'hui prosternés à vos pieds ? Des mains impies ont osé attaquer le Roi des anges, sur le trône de sa grâce et de son amour. Elles ont violé le sanctuaire du Fils de Dieu, de l'objet aimable des complaisances du Père éternel. Le juge des vivants et des morts a été sacrilègement arraché du tabernacle. A quelles profanations n'a-t-on pas exposé le Saint des saints ? Anges du ciel, les hommes reposaient et vous veilliez : Comment n'avez-vous pas repoussé les profanateurs ? Comment la main qui s'est portée sur l'arche sainte n'a-t-elle pas été desséchée ? Comment les coupables ne sont-ils pas tombés devant elle, frappés de mort ? Comment la terre ne s'est-elle pas entr'ouverte pour les engloutir ? Comment des flammes n'en sont-elles pas sorties pour les dévorer ? Dieu de bonté ! Vous voulez faire éclater de toute manière, dans cette adorable sacrement, la grandeur de vos miséricordes et les excès de votre amour. Que ne pouvons-nous, ô mon Dieu, réparer cette horrible attentat ! Qui donnera une source d'eau vive à notre tête et une fontaine de larmes à nos yeux, pour pleurer autant qu'il mérite de l'être, cet effroyable sacrilège commis contre vous ? Que ne nous est-il donné de compenser par nos humiliations, par nos hommages, la gloire qui vous a été ravie, dans cette nuit qui n'eût jamais dû exister.

Du moins Seigneur, suivant plutôt les mouvements de notre cœur et le désir de vous glorifier, nous nous jetons humblement à vos pieds ; nous gémissons devant vous sur le crime des malheureux sacrilèges qui vous ont traité avec tant d'indignité. Nous nous transportons en esprit jusque dans le séjour de votre gloire, et malgré notre extrême bassesse, nous nous unissons à l'horreur dont les anges et les saints ont été saisis. Nous vous faisons amende honorable pour expier autant qu'il est en nous la noirceur inexprimable de cet exécrable forfait.

Nous vous faisons amende honorable pour tout ce que la malice des Juifs, l'aveuglement des infidèles, la rage des hérétiques, la fureur des impies a jamais attenté contre vous dans cet adorable sacrement.

Nous vous faisons amende honorable pour tout ce que la passion, la malice, la perversité des mauvais catholiques, vous a jamais fait souffrir dans ce mystère.

Le flambeau à la main, le cœur percé de douleur, nous vous demandons pardon de tant d'outrages. Ah ! pardon, nous vous en supplions. Pardon pour nous, pardon pour ces malheureux qui ont osé violer votre sanctuaire, profaner votre corps adorable. Permettez-nous de vous dire pour eux ce que vous avez dit vous-même sur la croix pour les Juifs qui vous y attachaient : Pardonnez-leur, mon père, ils ne savent ce qu'ils font. S'ils eussent connu le Roi de gloire, jamais ils n'eussent osé l'outrager ; éclairez-les, convertissez-les ; qu'après avoir fait la douleur de l'Eglise par leurs crimes, ils en fassent la consolation par leur repentir. Ils n'ont pas craint d'enlever par un vol sacrilège l'ostensoir qui abritait votre gloire et qui servait à nous bénir. Daignez, ô bon Jésus, accepter celui que toute la paroisse du Pailly veut vous offrir en témoignage de sa foi et en réparation de l'offense qui vous a été faite.

Que vous dirons-nous encore, ô mon Dieu ! Dites-nous vous-même des paroles capables de rendre nos pensées ; et si les expressions nous manuent pour exprimer notre douleur, notre amour, notre reconnaissance, que nos sentiments parlent pour nous ; qu'ils disent à l'Agneau qui efface les péchés du monde, qu'humblement prosternés devant lui, nous l'aimons et désirons l'aimer tous les instants de notre vie et chanter ses miséricordes pendant toute l'éternité ! Ainsi soit-il !

Langres. — Typ. Maitrier et Courtot.

www.ingramcontent.com/pod-product-compliance
Lightning Source LLC
LaVergne TN
LVHW021638170726
843501LV00007B/2287

* 9 7 8 2 3 2 9 6 6 0 1 4 1 *